書名：澹園命談
系列：心一堂術數古籍珍本叢刊　星命類
作者：〔民國〕高澹園

主編、責任編輯：陳劍聰
心一堂術數古籍珍本叢刊編校小組：陳劍聰　素聞　梁松盛　鄒偉才　虛白盧主

出版：心一堂有限公司
地址／門市：香港九龍尖沙咀東麼地道六十三號好時中心LG 六十一室
電話號碼：+852-6715-0840
網址：www.sunyata.cc
電郵：sunyatabook@gmail.com
網上書店：http://book.sunyata.cc
網上論壇：http://bbs.sunyata.cc/

版次：二零一四年二月初版
平裝

定價：港幣　八十八元正
人民幣　八十八元正
新台幣　二百九十八元正

國際書號：ISBN 978-988-8266-51-7

香港及海外發行：香港聯合書刊物流有限公司
地址：香港新界大埔汀麗路三十六號中華商務印刷大廈三樓
電話號碼：+852-2150-2100
傳真號碼：+852-2407-3062
電郵：info@suplogistics.com.hk

台灣發行：秀威資訊科技股份有限公司
地址：台灣台北市內湖區瑞光路七十六巷六十五號一樓
電話號碼：+886-2-2796-3638
傳真號碼：+886-2-2796-1377
網路書店：www.govbooks.com.tw
www.bodbooks.com.tw
經銷：易可數位行銷股份有限公司
地址：台灣新北市新店區寶橋路二三五巷六弄三號五樓
電話號碼：+886-2-8911-0825
傳真號碼：+886-2-8911-0801
email：book-info@ecorebooks.com
易可部落格：http://ecorebooks.pixnet.net/blog

中國大陸發行・零售：心一堂書店
深圳地址：中國深圳羅湖立新路六號東門博雅負一層零零八號
電話號碼：+86-755-8222-4934
北京地址：中國北京東城區雍和宮大街四十號
心一店淘寶網：http://sunyatacc.taobao.com

心一堂術數古籍 珍本叢刊 整理 總序

術數定義

術數，大概可謂以「推算（推演）、預測人（個人、群體、國家等）、事、物、自然現象、時間、空間方位等規律及氣數，並或通過種種『方術』，從而達致趨吉避凶或某種特定目的」之知識體系和方法。

術數類別

我國術數的內容類別，歷代不盡相同，例如《漢書・藝文志》中載，漢代術數有六類：天文、曆譜、五行、蓍龜、雜占、形法。至清代《四庫全書》，術數類則有：數學、占候、相宅相墓、占卜、命書、相書、陰陽五行、雜技術等，其他如《後漢書・方術部》、《藝文類聚・方術部》、《太平御覽・方術部》等，對於術數的分類，皆有差異。古代多把天文、曆譜、及部份數學均歸入術數類，而民間流行亦視傳統醫學作為術數的一環；此外，有些術數與宗教中的方術亦往往難以分開。現代學界則常將各種術數歸納為五大類別：命、卜、相、醫、山，通稱「五術」。

本叢刊在《四庫全書》的分類基礎上，將術數分為九大類別：占筮、星命、相術、堪輿、選擇、三式、讖諱、理數（陰陽五行）、雜術（其他）。而未收天文、曆譜、算術、宗教方術、醫學。

術數思想與發展——從術到學，乃至合道

我國術數是由上古的占星、卜筮、形法等術發展下來的。其中卜筮之術，是歷經夏商周三代而通過

「龜卜、蓍筮」得出卜（筮）辭的一種預測（吉凶成敗）術，之後歸納並結集成書，此即現傳之《易經》。經過春秋戰國至秦漢之際，受到當時諸子百家的影響、儒家的推崇，遂有《易傳》等的出現，原本是卜筮術書的《易經》，被提升及解讀成有包涵「天地之道（理）」之學。因此，《易・繫辭傳》曰：「易與天地準，故能彌綸天地之道。」

漢代以後，易學中的陰陽學說，與五行、九宮、干支、氣運、災變、律曆、卦氣、讖緯、天人感應說等相結合，形成易學中象數系統。而其他原與《易經》本來沒有關係的術數，如占星、形法、選擇，亦漸漸以易理（象數學說）為依歸。《四庫全書・易類小序》云：「術數之興，多在秦漢以後。要其旨，不出乎陰陽五行，生尅制化。實皆《易》之支派，傅以雜說耳。」至此，術數可謂已由「術」發展成「學」。

及至宋代，術數理論與理學中的河圖洛書、太極圖、邵雍先天之學及皇極經世等學說給合，通過術數以演繹理學中「天地中有一太極，萬物中各有一太極」（《朱子語類》）的思想。術數理論不單已發展至十分成熟，而且也從其學理中衍生一些新的方法或理論，如《梅花易數》、《河洛理數》等。

在傳統上，術數功能往往不止於僅僅作為趨吉避凶的方術，及「能彌綸天地之道」的學問，亦有其「修心養性」的功能，「與道合一」（修道）的內涵。《素問・上古天真論》：「上古之人，其知道者，法於陰陽，和於術數。」數之意義，不單是外在的算數、歷數、氣數，而是與理學中同等的「道」、「理」--心性的功能，北宋理氣家邵雍對此多有發揮：「聖人之心，是亦數也」、「萬化萬事生乎心」、「心為太極」。《觀物外篇》：「先天之學，心法也。……蓋天地萬物之理，盡在其中矣，心一而不分，則能應萬物。」反過來說，宋代的術數理論，受到當時理學、佛道及宋易影響，認為心性本質上是等同天地之太極。天地萬物氣數規律，能通過內觀自心而有所感知，即是內心也已具備有術數的推演及預測、感知能力；相傳是邵雍所創之《梅花易數》，便是在這樣的背景下誕生。

《易・文言傳》已有「積善之家，必有餘慶；積不善之家，必有餘殃」之說，至漢代流行的災變說及讖緯說，我國數千年來都認為天災，異常天象（自然現象），皆與一國或一地的施政者失德有關；下至家族、個人之盛衰，也都與一族一人之德行修養有關。因此，我國術數中除了吉凶盛衰理數之外，人心的德行修養，也是趨吉避凶的一個關鍵因素。

術數與宗教、修道

在這種思想之下，我國術數不單只是附屬於巫術或宗教行為的方術，又往往是一種宗教的修煉手段——通過術數，以知陰陽，乃至合陰陽（道）。「其知道者，法於陰陽，和於術數。」例如，「奇門遁甲」術中，即分為「術奇門」與「法奇門」兩大類。「法奇門」中有大量道教中符籙、手印、存想、內煉的內容，是道教內丹外法的一種重要外法修煉體系。甚至在雷法一系的修煉上，亦大量應用了術數內容。此外，相術、堪輿術中也有修煉望氣（氣的形狀、顏色）的方法；堪輿家除了選擇陰陽宅之吉凶外，也有道教中選擇適合修道環境（法、財、侶、地中的地）的方法，以至通過堪輿術觀察天地山川陰陽之氣，亦成為領悟陰陽金丹大道的一途。

易學體系以外的術數與的少數民族的術數

我國術數中，也有不用或不全用易理作為其理論依據的，如揚雄的《太玄》、司馬光的《潛虛》。也有一些占卜法、雜術不屬於《易經》系統，不過對後世影響較少而已。

外來宗教及少數民族中也有不少雖受漢文化影響（如陰陽、五行、二十八宿等學說）但仍自成系統的術數，如古代的西夏、突厥、吐魯番等占卜及星占術，藏族中有多種藏傳佛教占卜術、苯教占卜術、擇吉術、推命術、相術等；北方少數民族有薩滿教占卜術；不少少數民族如水族、白族、布朗族、佤族、彝族、苗族等，皆有占雞（卦）草卜、雞蛋卜等術，納西族的占星術、占卜術，彝族畢摩的推命術、占卜術……等等，都是屬於《易經》體系以外的術數。相對上，外國傳入的術數以及其理論，對我國術數影響更大。

曆法、推步術與外來術數的影響

我國的術數與曆法的關係非常緊密。早期的術數中，很多是利用星宿或星宿組合的位置（如某星在某州或某宮某度）付予某種吉凶意義，并據之以推演，例如歲星（木星）、月將（某月太陽所躔之宮次）等。不過，由於不同的古代曆法推步的誤差及歲差的問題，若干年後，其術數所用之星辰的位置，已與真實星辰的位置不一樣了；此如歲星（木星），早期的曆法及術數以十二年為一周期（以應地支），與木星真實周期十一點八六年，每幾十年便錯一宮。後來術家又設一「太歲」的假想星體來解決，是歲星運行的相反，週期亦剛好是十二年。而術數中的神煞，很多即是根據太歲的位置而定。又如六壬術中的「月將」，原是立春節氣後太陽躔娵訾之次而稱作「登明亥將」，至宋代，因歲差的關係，要到雨水節氣後太陽才躔娵訾之次，當時沈括提出了修正，但明清時六壬術中「月將」仍然沿用宋代沈括修正的起法沒有再修正。

由於以真實星象周期的推步術是非常繁複，而且古代星象推步術本身亦有不少誤差，大多數術數除依曆書保留了太陽（節氣）、太陰（月相）的簡單宮次計算外，漸漸形成根據干支、日月等的各自起例，以起出其他具有不同含義的眾多假想星象及神煞系統。唐宋以後，我國絕大部份術數都主要沿用這一系統，也出現了不少完全脫離真實星象的術數，如《子平術》、《紫微斗數》、《鐵版神數》等。後來就連一些利用真實星辰位置的術數，如《七政四餘術》及選擇法中的《天星選擇》，也已與假想星象及神煞混合而使用了。

隨着古代外國曆（推步）、術數的傳入，如唐代傳入的印度曆法及術數，元代傳入的回回曆等，其中我國占星術便吸收了印度占星術中羅睺星、計都星等而形成四餘星，又通過阿拉伯占星術而吸收了其中來自希臘、巴比倫占星術的黃道十二宮、四元素學說（地、水、火、風），並與我國傳統的二十八宿、五行說、神煞系統並存而形成《七政四餘術》。此外，一些術數中的北斗星名，不用我國傳統的星名：天樞、天璇、天璣、天權、玉衡、開陽、搖光，而是使用來自印度梵文所譯的：貪狼、巨門、祿存、文曲，廉貞、武曲、破軍等，此明顯是受到唐代從印度傳入的曆法及占星術所影響。如星命術的《紫微斗數》及堪輿術的《撼龍經》等文獻中，其星皆用印度譯名。及至清初《時憲曆》，置閏之法則改用西法「定氣」。清代以後的術數，又作過不少的調整。

陰陽學——術數在古代、官方管理及外國的影響

術數在古代社會中一直扮演着一個非常重要的角色，影響層面不單只是某一階層、某一職業、某一年齡的人，而是上自帝王，下至普通百姓，從出生到死亡，不論是生活上的小事如洗髮、出行等，大事如建房、入伙、出兵等，從個人、家族以至國家，從天文、氣象、地理到人事、軍事，從民俗、學術到宗教，都離不開術數的應用。我國最晚在唐代開始，已把以上術數之學，稱作陰陽（學），行術數者稱陰陽人。（敦煌文書、斯四三二七唐《師師漫語話》：「以下說陰陽人謾語話」，此說法後來傳入日本，今日本人稱行術數者為「陰陽師」）。一直到了清末，欽天監中負責陰陽術數的官員中，以及民間術數之士，仍名陰陽生。

古代政府的中欽天監（司天監），除了負責天文、曆法、輿地之外，亦精通其他如星占、選擇、堪輿等術數，除在皇室人員及朝庭中應用外，也定期頒行日書、修定術數，使民間對於天文、日曆用事吉

凶及使用其他術數時，有所依從。

中國古代政府對官方及民間陰陽學及陰陽官員，從其內容、人員的選拔、培訓、認證、考核、律法監管等，都有制度。至明清兩代，其制度更為完善、嚴格。

宋代官學之中，課程中已有陰陽學及其考試的內容。（宋徽宗崇寧三年〔一一零四年〕崇寧算學令：「諸學生習……並曆算、三式、天文書。」，「諸試……三式即射覆及預占三日陰陽風雨。天文即預定一月或一季分野災祥，並以依經備草合問為通。」

金代司天臺，從民間「草澤人」（即民間習術數之士）考試選拔：「其試之制，以《宣明曆》試推步，及《婚書》、《地理新書》試合婚、安葬，並《易》筮法，六壬課、三命、五星之術。」（《金史》卷五十一・志第三十二・選舉一）

元代為進一步加強官方陰陽學對民間的影響、管理、控制及培育，除沿襲宋代、金代在司天監掌管陰陽學及中央的官學陰陽學課程之外，更在地方上增設陰陽學之課程（《元史・選舉志一》：「世祖至元二十八年夏六月始置諸路陰陽學。」）地方上也設陰陽學教授員，培育及管轄地方陰陽人。（《元史・選舉志一》：「（元仁宗）延祐初，令陰陽人依儒醫例，於路、府、州設教授員，凡陰陽人皆管轄之，而上屬於太史焉。」）自此，民間的陰陽術士（陰陽人），被納入官方的管轄之下。

至明清兩代，陰陽學制度更為完善。中央欽天監掌管陰陽學，明代地方縣設陰陽學正術，各州設陰陽學典術，各縣設陰陽學訓術。陰陽人從地方陰陽學肄業或被選拔出來後，再送到欽天監考試。（《大明會典》卷二二三：「凡天下府州縣舉到陰陽人堪任正術等官者，俱從吏部送（欽天監），考中，送回選用；不中者發回原籍為民，原保官吏治罪。」）清代大致沿用明制，凡陰陽術數之流，悉歸中央欽天監及地方陰陽官員管理、培訓、認證。至今尚有「紹興府陰陽印」、「東光縣陰陽學記」等明代銅印，及某某縣某某之清代陰陽執照等傳世。

清代欽天監漏刻科對官員要求甚為嚴格。《大清會典》「國子監」規定：「凡算學之教，設肄業生。滿洲十有二人，蒙古、漢軍各六人，於各旗官學內考取。漢十有二人，於舉人、貢監生童內考取。附學生二十四人，由欽天監選送。教以天文演算法諸書，五年學業有成，舉人引見以欽天監博士用，貢監生童以天文生補用。」學生在官學肄業、貢監生肄業或考得舉人後，經過了五年對天文、算法、陰陽學的學習，其中精通陰陽術數者，會送往漏刻科。而在欽天監供職的官員，《大清會典則例》「欽天監」規定：「本監官生三年考核一次，術業精通者，保題升用。不及者，停其升轉，再加學習。如能黽勉供職，即予開複。仍不及者，降職一等，再令學習三年，能習熟者，准予開複，仍不能者，黜退。」除定期考核以定其升用降職外，《大清律例》中對陰陽術士不準確的推斷（妄言禍福）是要治罪的。《大清律例・一七八・術七・妄言禍福》：「凡陰陽術士不許於大小文武官員之家妄言禍福，違者杖一百。其依經推算星命卜課，不在禁限。」大小文武官員延請的陰陽術士，自然是以欽天監漏刻科官員或地方陰陽官員為主。

官方陰陽學制度也影響鄰國如朝鮮、日本、越南等地，一直到了民國時期，鄰國仍然沿用着我國的多種術數。而我國的漢族術數，在古代甚至影響遍及西夏、突厥、吐蕃、阿拉伯、印度、東南亞諸國。

術數研究

術數在我國古代社會雖然影響深遠，「是傳統中國理念中的一門科學，從傳統的陰陽、五行、九宮、八卦、河圖、洛書等觀念作大自然的研究。……傳統中國的天文學、數學、煉丹術等，要到上世紀中葉始受世界學者肯定。可是，術數還未受到應得的注意。術數在傳統中國科技史、思想史，文化史、社會史，甚至軍事史都有一定的影響。……更進一步了解術數，我們將更能了解中國歷史的全貌。」（何丙郁《術數、天文與醫學中國科技史的新視野》，香港城市大學中國文化中心。）

可是術數至今一直不受正統學界所重視，加上術家藏秘自珍，又揚言天機不可洩漏，「（術數）乃吾國科學與哲學融貫而成一種學說，數千年來傳衍嬗變，或隱或現，全賴一二有心人為之繼續維繫，賴以不絕，其中確有學術上研究之價值，非徒癡人說夢，荒誕不經之謂也。其所以至今不能在科學中成立一種地位者，實有數困。蓋古代士大夫階級目醫卜星相為九流之學，多恥道之；而發明諸大師又故為惝恍迷離之辭，以待後人探索；間有一二賢者有所發明，亦秘莫如深，既恐洩天地之秘，復恐譏為旁門左道，始終不肯公開研究，成立一有系統說明之書籍，貽之後世。故居今日而欲研究此種學術，實一極困難之事。」（民國徐樂吾《子平真詮評註》，方重審序）

現存的術數古籍，除極少數是唐、宋、元的版本外，絕大多數是明、清兩代的版本。其內容也主要是明、清兩代流行的術數，唐宋以前的術數及其書籍，大部份均已失傳，只能從史料記載、出土文獻、敦煌遺書中稍窺一鱗半爪。

術數版本

坊間術數古籍版本，大多是晚清書坊之翻刻本及民國書賈之重排本，其中豕亥魚魯，或而任意增刪，往往文意全非，以至不能卒讀。現今不論是術數愛好者，還是民俗、史學、社會、文化、版本等學術研究者，要想得一常見術數書籍的善本、原版，已經非常困難，更遑論稿本、鈔本、孤本。在文獻不足及缺乏善本的情況下，要想對術數的源流、理法、及其影響，作全面深入的研究，幾不可能。

有見及此，本叢刊編校小組經多年努力及多方協助，在中國、韓國、日本等地區搜羅了一九四九年以前漢文為主的術數類善本、珍本、鈔本、孤本、稿本、批校本等數百種，精選出其中最佳版本，分別輯入兩個系列：

一、心一堂術數古籍珍本叢刊

二、心一堂術數古籍整理叢刊

前者以最新數碼技術清理、修復珍本原本的版面，更正明顯的錯訛，部份善本更以原色精印，務求更勝原本，以饗讀者。後者延請、稿約有關專家、學者，以善本、珍本等作底本，參以其他版本，進行審定、校勘、注釋，務求打造一最善版本，供現代人閱讀、理解、研究等之用。不過，限於編校小組的水平，版本選擇及考證、文字修正、提要內容等方面，恐有疏漏及舛誤之處，懇請方家不吝指正。

心一堂術數古籍 珍本 整理 叢刊編校小組

二零一三年九月修訂

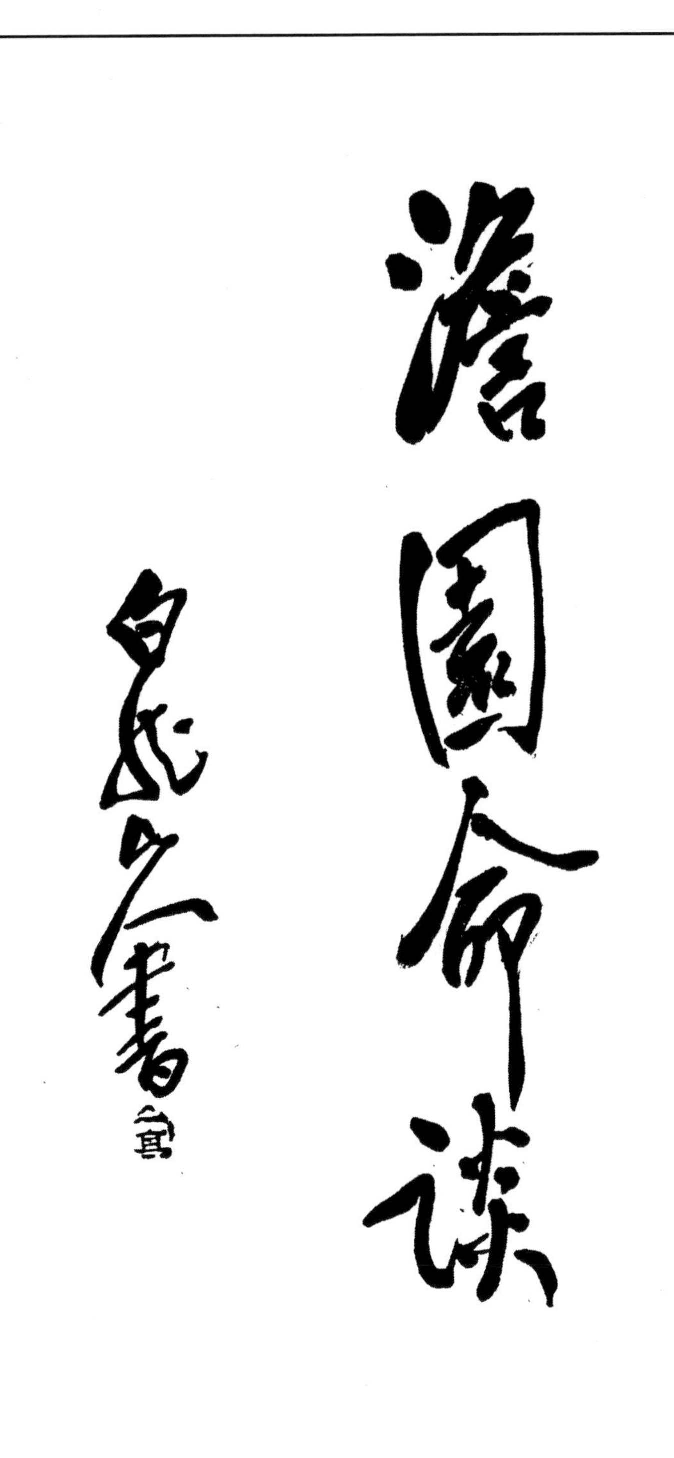
澹園命談

介紹星學名家高澹園

高君澹園。武林世家。出身科第。少壯時。爲外交前輩胡公馨吾汪公伯唐所器重。隨使東瀛。頗負時譽。旋佐畢公植丞桂芳戎幕。籌策安邊。自科布多。庫倫。至塔爾巴哈台。舉政事軍事。改革經營。皆其手定。頗爲當軸所嘉許。並曾在塔城組織國民黨新疆支部。邊省風氣爲之一振。固一時之俊傑也。君於討論政治之餘。兼喜研究數理。凡久居北方者。識與不識。皆耳其名。比年息影滬濱。以翰墨自娛。嘗謂造時勢者英雄。其間剝復循環。即繫於箇人命數。同人悉其生平。習聞高論。並以指陳休咎。確有特殊徵驗。（汪公伯唐。學問文章。爲前輩泰斗。風鑑星學。亦所素諳。嘗謂高君星學、爲生平所最推服者云。）因是敦勸應世。以冀衡量運數。有非僅關係箇人出處者在。君固不徒以星學見長。然問難決疑。實能獨抒見地。如有以進退得失之事往詢者。必能明晰見告。藉決方鍼也。

許靜仁　高鐵厂　樊震初　方液仙
王一亭　屈文六　黃涵之　王耕木
朱子橋　趙晉卿　顧馨一　錢鏡平

同啓

澹園命談自序

命之一說。爲吾國所獨有。一部論語。言命者數見。而又揭之曰子罕言命。非不言也。聖人道在治世。所言皆人道。故不以命爲宗主。一也。自昔儒家之言命者。皆言性命之命。旣言性命之命。卽不必言命數之命。二也。於是乎命數之命。乃成爲專家之學術。嗚呼。名士青山。美人黃土。浪淘盡多少英雄豪傑。上下千古。人事代謝。所謂得失興亡。成敗利鈍者。於今果安在哉。是以天地猶是也。日月風雲雷霆雨露亦猶是也。於上下千古間。以人數十載之壽命。連綴其中。舉貧富貴賤。安危苦樂。離合悲歡

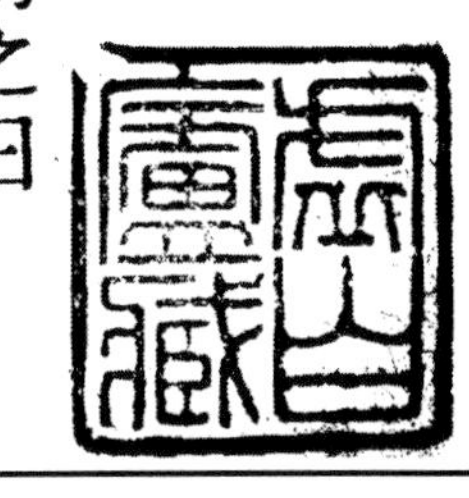

澹園命談自序

。種種事實情態。誠不過於一剎那。卽成爲幻形。則所欲談命者。亦正見其不達而已矣。雖然。人生數十載光陰。在天地已往未來無量數時期中。視之固屬甚暫。而人自嬰兒而童穉而少而壯而中年晚年。其所經歷。與所受貧富貴賤。安危苦樂。與夫離合悲歡之情。移步換形。與其身體精神。有種種密切之關係。爲時實覺其甚遙。故雖曠達如坡公。尙有但願子孫愚且魯。無災無難到公卿之語。此命之所以不得不推究者也。澹園閱歷滄桑。年時已邁。自愧學疏才薄。無以謀國匡時。而於命信之綦篤。居恆筆記經驗心得。積稿盈尺。本書係另是一種。先行付印。謂研討命理可。卽謂代表人生觀。亦無不可。予雖信命。而對人生觀。實別

具懷抱。安得素心人。相與抵掌作十日談乎。民國二十四年舊歷
乙亥六月澹園書

發刊辭

一、予先有命理折中之輯。擬以本書一卷附其後。今復閱折中一稿。須加整理。而本稿則已謄寫完全。因先付印。尚希同志教正。

一、本書於前記各節外。後附十日干配合干支宜忌之看法。與六親推算法。雖非完備。尚覺確實平允。頗足供看命時觸發靈機之一助。

一、本書以人事與五行之理。相併列論。所記各節。不盡言命理。然與看命實有相互之關係。（看命無非推算人事）。以之研討命理固可。以作茶餘酒畔之談助亦可。

一、本書所論。不出五行之範圍。其古法外格星煞等說不及焉。予友陳新孜君明善。於古法蘭臺妙選各格。研究均甚精。予稿尙存若干。擬約陳君助編。倂入古法。續出第二卷。尙有俟於他日。

一、本書內。偏財作才。七煞作杀。梟神作卩。以仍看命記號之習慣。取其反爲便利明白也。

一、算命。非如算學。有比例代數幾何等等。及其他科學。有一定之程式可循。所以甚難徹底。至法之繁密。從前作文。至八股文。律賦。律詩。可謂極矣。而算命之法。較八股文等。尤繁密十倍。故本書所記。真覺挂一漏萬。聊記所見而已。不値大方之家一哂也。

本書版權所有。內加印鑑。文曰(盎中乾坤舞蜉蝣。)

乙亥六月澹園記

澹園命談一卷

予年三十四以前。志在自强。於命不但不信。且反對甚力。自三十四。時當民國三年甲寅五月。以環境之拂逆。遂致疑於命。取書依法研習。半月而通。乃先就己命。幷索取親族朋好諸命造。一一試推。頗有所驗。由是信之漸深。嗜之彌篤。攻之亦愈力。然其時。祇知財官印綬食神等看法也。及後推算既多。乃發生種種疑問與困難。然予性近於此。每逢疑難。必參考研究之勿輟。蓋自茲二十年來。即在公務忙迫之餘。得間即手披心縈。宗旨所在。必求理論與事實切合爲歸。大抵予所欲以人事引證於五行之理者。徧閱命書。率多不獲。或有所引證。而語焉不詳。爰將自己平日之推算經驗。有所悟。輒記之。積久漸夥。朋好中有見予稿者。多慫恿付梓。予念命理。乃數術中之一部份。亦係哲理之上乘。正期集思廣益。繼古人之書而續有發明。因略加删節次第。擬印以行世。然視命理。猶滄海之一滴。譾陋之譏。知不免也夫。民國二十二年舊歷癸酉竹醉日浙江舊仁和高巒檀如甫識

算命無十全之法。精於此術者。亦祇得其十之七八。欲求事事如目覩之真。不特精神有所不到。其法亦有所未備。顧雖不能窮極細微。而命之格局程度。及大運年月之變遷順逆。總一定而不可

移。故聊復研究之。欲以明推算大概之準的而已。吾以爲推算人事。欲求鉅細無遺者。當別有術在。非今算命法所能該。（如命運年月之吉與不吉。既已明瞭。然欲決其此年此月發見何項事實。在何日何時。及如何發生。來蹤去迹。是何情狀。卽屬甚難。似非以六壬奇門等法兼參之不可。若僅用算命法。其判斷固不能如目覩之真也）。

人事情形。說不盡言。故命亦算不盡算。同一富貴安樂。而其事若干。同一貧賤勞苦。而其事又若干。程度範圍。萬有不齊。僅憑八個字。以算命者一已之心靈悟之。而人之性質。敏鈍不同。又與算命一術。有相近不相近。此見淺見深。所以至難一律也。凡欲算命者。欲知一生功名事業財氣福澤如何也。然舉世人觀之。遭境安樂者十不過二三。而艱困者十常居七八。可知好命本少。壞命本多。八個字五行。欲求配合完善。談何容易。（故有云。四柱不必要純和。惟其五行偏陂。得大運年月揚抑。使歸於中和。卽爲好命。誠亦一理也）。故推人大運年月。好事率多難成。壞事每每易驗。實由其原命根基本非甚好故耳。至國家社會與個人連帶者。如國運興隆。則社會清平。人多安樂。不然者。國人皆深受痛苦。此又在命數外。大數所關。不在算命法範圍以內也。

五行。是十干十二支金水木火土之陰陽。用物。是財官印食才殺卩傷比刼祿刃也。其作用。在五行各物。生克冲合刑害比扶多寡旺衰强弱之間。（此統命運年月日時六者而合觀之。）其結果。與人事吉凶之發現。在喜神忌物之孰勝孰負而已。於此細究。則推斷人事。自能準確。至命之格局。形象。氣勢。大運年月之神煞互相配合。其人事業。功名。財氣。福澤。應至如何程度。此乃命之根基厚薄問題。另作看法。○凡推算年月。有曲折細事亦能算準者。命有易算不易算。吉凶事有易見不易見之分也。（五行清者易算。濁者不易算。又有清中含濁。濁裏流清者。亦須析而出之。凡欲求工夫之進步。宜擇不易算之八字。另記一册。將其人經過事實。與大運年月。仔細引證參考。久之自然有得。）看命與運。可分外事。內事。兩項。外事。乃出外所作之事。功名事業事權財氣等屬之。內事。家庭六親等屬之。須觀其出身之地步。與由來行運之得失進退。更觀其命之格局。原來坦夷與駁雜如何。如此推算。則於其人現在所處之環境情狀。（卽現行之運年）。大半可知矣。

命中生時財旺。則一生多財。生時印旺。一生作事操權。（又凡身旺之人。亦主操權。）時辰之氣。乃出生時本身所得之根氣也。月令財旺。父財之蔭庇必厚。月令印旺。出生門第清高。蔭庇亦好。或家產未必甚豐。此幼少時本身所賴以依託者也。其日元坐支中物。則謂之專。不啻本身所攜帶之物。故爲日主所專有。如丁酉日謂之專才。己酉日謂之專食。如坐下官杀則克身。不甚佳。要年月時印刦等物扶身。坐卩神羊刃。亦屬不良。要他柱有才杀等物制合方美。至於年支。係屬祖基。與本身相離較遠。然爲喜爲忌。關係家基根本。亦未可忽視。〇凡妻之賢否。視日干坐支一字而定。大都才杀財官印食是吉神。卩傷比刦祿刃是凶物。吉者妻賢。凶者不賢。（按此。亦祇言其大概。總須辨其坐支中物。是喜神抑是忌神。方爲的當。其坐祿如甲寅乙卯。本身自旺。未爲不佳。要看年月時中食傷才杀財官等物。氣勢旺衰。及取用如何。以定其優劣也）。

定格取用。乃看命入手法。取用神。皆從身旺身弱中出。故辨別日主旺弱。最要精審。輕重之間稍有差誤。則取用亦誤。卽大運年月日時算法全誤矣。〇又。看命旣要明五行之理。尤要知推算之法。算法皆在大運年月日時配合之中。若算法不合。亦難準驗。又看命欲知命理。尤要明事理。凡見大運年月所到順逆之地。人事之趨吉趨凶。其由於自動者。舉凡其命中性情。心術。行爲。才能。嗜好。等項。皆可逐一細推。知其梗概。祇看命者無此精神貫注。則所見有不到耳。

治各種學術。得失寸心知。有時亦各有出入。看命一道。命有易看不易看。看命時。神機有滯不滯。故工夫淺。未必看不準。工夫深。亦未必看準。甚難言之。要之凡治一學。必須氣靜神凝。心志專一。方可入於細微。（有二男命。一。乙未癸未辛酉丁酉。一。丙午辛卯丁卯壬寅。前一命。日主專祿。兼日祿歸時。食神生財。不過五行輕重。須加較量。後一命。丁火日元。不爲不旺。然辛字偏財。已被丙刦合去。壬水官星無根。財官既難取用。若謂丁壬合化。則兩卯一寅。木氣固旺。但丁祿於午。寅午又會祿。丁火自旺。豈能相從而化。此二命。論用神。論格局。皆在依稀猶疑之間。命非特異。而看法特難。錄之。以爲研究者備探索之一格。本註於乙亥六月增入。）

以命言之。四柱五行可算也。四柱之外。有關係於五行者。不得而知也。一年之內。春溫。夏熱。秋涼。冬寒。十二個月氣候不同。一日之中。旦晚燠涼。十二時辰又有不同。皆關五行。而皆切於人事。至大地之東西南北。及一室之中。產生之地。方向氣候之殊。天時地氣晴雨冷暖燥濕之異。以及所見之物。所聞之聲。近金近水近木近火近土之差。在在皆與五行有關係。故推一八字。而欲及其細微。實難能也。卽本人亦有所不曉也。（如以癸水為用。遇生時大雨。或在水鄉。雖八字中癸水少而輕。其作用力量自大。類此者甚多。要皆無從知之矣。）

命中用神喜神是水木。其人功名財氣等項。應向東北方求之。似矣。不知人之一生。皆有一步正運。待運至其時。則其功名。財氣。發起之地。必在東北方。其機會遇合。不必在東北。其所由發起者。則必在東北。有自然之機也。如先擇地以赴之。運氣未到。亦無驗也。又凡所就職業。近水。近木。近火。近土。近金、之異。亦復如此。不必預爲計算。(此與男女命婚姻同一理。)生平少病。日主高强。一世安然。財命有氣。日干旺而災咎寡。財命衰則惆悵多。此六句。乃人命優劣之大别也。又其總訣。一看身旺。則取才殺財官食傷爲用。二看身弱。則取卩印比刦祿刃爲用。如此取用既定。再看用神得相生之物否。及受克否。如有生用神之物。則其物務要旺相。亦不可使受損。有克用神之物。則大運年月中。務欲制去其物。使用神得起而成用。庶人事可以獲吉也。

人生福氣。未必因有錢財而卽全備。然財星實爲養命之源。（此命書中語。）算命者。亦以財星之有無及厚薄。分命之優劣而已。予謂人命中必不可缺者。是財印二物。財者。錢財福澤所繫。印者。作事權柄。功名事業。及身之强健。壽之長久。皆繫焉。況財爲父。印爲母。是人生之根本。故此二物。在命中必要天干透出。地支中有歸祿。長生。墓庫。之位。氣勢淸旺爲佳。其餘各物。喜忌輕重。要皆次之。（亦有財印二物爲大害者。及用喜吉神在他物者。此節。但論用物之大概而已。）

八字濁者平生多厄。五行和者一世無災。凡觀官殺混雜。食傷混雜。卩食並見。官傷並見。及四柱刑冲克害者。皆是濁。其用神有力。喜神吉神旺相。四柱三合六合。照顧有情。相生相助。氣勢清旺者。皆是和也。又有清濁相涵。喜忌雜見者。其人一生吉凶之事雖不一。要皆非大好之命矣。○又。八字清者。歲運能濁之。八字濁者。歲運能清之。然命係根底。關係在一生。總要根底清和方妙。

命中有一喜神暗藏於地支之中。逢歲運扶起之。有一凶物暗藏於地支之內。逢歲運黨助之。其作吉作凶。力量亦大。其餘。統命運年月四者。凡見喜神多而勝過凶物者。人事多吉。凶物多而勝過喜神者。人事多凶也。

命爲根底。舉一生作事。及環境所處。不知不覺。皆在命數中循行而已。其自大運算至流年月建。月建之氣。必以初。中。末。三氣爲標準。至日建時辰。則爲人事發動之鎖鑰。其事之醞釀而成者。先有大運年月爲之主也。（事之釀成。在於大運與年月。特假日時以發現之）。大運年月與日時。皆命中一切休咎之事。先後遲早。變遷發現之機關耳。

汝何爲生帝王家。可知皇帝之命。未必善始而善終。王侯將相本無種。草澤起英雄。則常人果得好命。待其運至發達之時。卽能建功立業。出類拔萃。至言運途。則雖得好命。其初。亦有先行二三四步困頓之運者。然在三四步運中間。其遭境作事雖甚形困頓。而實爲後來發達之基礎者。此中元機。人所罕[illegible]。卽當境者亦不自曉也。凡人際遇人緣。及所至境地。皆由運爲之主。運好。則其際遇。與所至之境地必好。苟非處此境地其後來之發展亦未由也。此在命運中之數。有若或使之者在蓋其運雖困頓。實爲關係一生大好之運也。此爲算命者所應着眼之一點也。◯每觀皇帝之命。有較常人命不如者。歷觀明清皇帝八字多如此。似其出生。於八字外。別有來因。未可妄議也。故皇帝之命。必先明其出生地位。然後其運途順逆。方可得而推。除皇帝外。卽爲王爲相。其命運之好壞看法。卽與常人命看法無別。此爲看命法中一特異之點。昔人於皇帝之命。必附會種種神奇。以實其說。於理無當。大可不必。明太祖命。人每據爲帝命之談料。須知古來皇帝。豈止一明太祖。其命豈皆同明太祖乎。

時局之有關於命者。如命旺運旺之人。值時局革變。正其功名事業。發起之會也。至普通之人。遭逢變亂。有身家性命之憂矣。在一日一時之內。所遇之人。之物。之事。時間先後。不可相差一刻一分一秒。一槍砲子彈之險。地點距離。不可相差分寸。危乎微矣。凡此。在大運年月日時中。刑冲克害之輕重。關係固大。更須看其命中吉凶之物。根基淺深如何。以論其結果。書曰。凶神交會。善以少而難成。吉曜併臨。惡雖多而亦化。命基吉凶。於此等處。關係甚切而大。

合一家人之命運年月。推其順逆。可以知其家之盛衰。合一機關共事之人。推其年月之順逆。亦可以知其機關之興廢。凡朋友中關係素切之人。其命運中所喜所忌之神。與年月之順逆。亦無不相同。此可一一引證而知之者也。至於一家之人。關係自爲最切。故書曰。父病推其子祿。妻災課以夫年。足以互相證明。要之此類五行關係。皆一理之相通者耳。（如財星爲父爲妻。財逢克。則不利於父及妻。）

人之行爲。出於性情。性情定於八字。推人性情。以八字格局所成之性爲主。次以日干一字之本性參之。十可知其八九。身旺之人。如丙丁遇寅午戌巳未字多者。一逢冲激。性情必烈。其他。凡逢身旺比刦。與五行刑冲克害。格局不純者。均有激烈性也。

〔心與性。似同而異。有心地無他。而性情甚劣者。有性情和平。而心術不堪問者。日干與五行用物分陰陽。八字格局。千殊萬異。澄心細觀。徵顯皆可知也。〇有命定之性。有大運年月變易之性。變易者。柔可以使之剛。强可以使之弱。然變易之性。祇在一時。而命定之性。則繫以終身也。〇女命。身旺帶卩神。傷官。羊刃。其性情行爲。多與夫星有礙。要才杀强。方可轉禍爲福。〇女命。正官正印。心性純和。至論正官之夫。多不如七杀之顯。然如帶旺財旺印。（身旺取財。身弱取印。而官星務要强健。）格正局清。其夫爲人純正。亦復甚形顯達。或安享家業。或在政商界中安穩執業。爲有聲望之人也。

凡人。年年月月。日日時時。一生之數。皆由此四者所積累而遷流者也。故眼前境界。皆從自幼年月日時旋轉變化而來。（未來之年月日時。亦不過如此。）數十年積漸而變。非日日時時有變也。故推年月。過一二三四年如此。過一年十二個月仍如此。祇覺平常。少見振興氣象。及特別快樂情事。（此尚以平穩之運言之。若行一背運。各事顛倒。其爲時亦必長久）。試一按其大運與年月之數、本無特別好事可見也。卽極好極壞之命。其大運與年月之應驗其命數者。遲早亦有一定之時期。未至其時。好壞之事亦不見。故不能日日時時尋究之也。（年月日時之前。有大運爲之主。運入吉鄉。年月日時可以興起。如運途平常。年月日時亦祇平常）。

每一運交進。則必行之五年十年之久。乘時得志者。亦如是矣。（時卽運也）。人在運旺之中。雖有危險駁雜之事。自有種種因緣爲之解釋。人之侵害剝削者。舉不能加於其身。若交一逆運。則困頓之時亦必久。（運行背地。百事皆背。亦有背於此而利於彼者。要分別推之。）故推算年月。祇覺永久蹭蹬失意。然現前之壞運尚未走脫。好運好年尚未交到。氣數所限。無如何也。〇至言一生之經歷。如家庭六親之聚散。財產之出入盈虧。自身功名。事業。財氣。之升沈得失。則自一二三運轉變以來。情狀自然大異。凡一運吉凶。有在一年半年之內。前後情形大相懸殊者。（運未交換。祇覺其永久不變。及既交換。則人事上狀况變動亦甚速。）况二三運乎。要知命厚者。吉慶之事多。命薄者。駁雜之事多也。故一觀乎命。其人一生之情狀已可知。及六運走完。（十年一運。）卽一生之命。全數畢見矣。（運有干支皆吉者。有皆凶者。有干吉支凶。干凶支吉者。如干支皆吉。以十年流年干支與運配合。雖不十年全吉。然吉年必居其大半。反之。干支皆凶。其流年之凶亦然。如干支吉凶參半。則十年流年吉凶亦各半。但吉凶遲早先後不同。非必吉運中年吉。凶運中年凶也。經驗自知。）

語云。一飲一啄。莫非前定。凡人平日舉動云爲。及家庭光景。

環境事務情形。莫不與命之格局。形象。氣勢。息息相通。一一相適合。況六親與自身名利之大。豈能出於命數範圍之外乎。人在乘時得志之際。爲名爲利。一切作爲。似可超過其命中原有之程度。然及其運過。則必破壞失退。仍回復至原有程度而止。此多有可驗者。是以慾不可縱也。雄心刻意不可恃也。而貪瞋癡者。皆未爲達觀之人也。夫人自呱呱墮地時。得五行之氣而謂之命。算命者。算有身之事也。然身有盡時。卽命之數亦有盡時。若誠知命審而信命篤。則當知足知止。處其順。安其常。斯可矣。强與命爭奚爲哉。

命要運扶。運要年扶。好命不逢好運。是爲英雄末路。好運不逢好年。亦徒咄咄書空而已。故看命不如看運爲切。看運不如看流年爲切。徧閱命書。於流年與大運相關之理。皆不詳言。不知古人於此。何以祕其機緘也。予每驗運之好壞。苟流年不與運相會合。則運之好壞。始終不發見。且好壞適得其相反。故必須以十年流年之干支。與大運之干支。兩相配合。則大運之好壞。究竟結果。方可得而推。故算法。必須算至流年爲止。方盡算命之能事。〇書曰。定一運而關十載。又曰。大運一辰十載。又曰。運行十載數。（數字作推算解。）上下五年分。可見大運。必須連天干地支十年爲一運。於理方通。推算方有準驗。所云上下五年分者。平均干支各得其半之辭。如泥定五年爲一運。是只用上下五年分一句。而將運行十載數一句遺去。故每每好運反壞。壞運反好。而不明其所以然之故。殊不知流年之算法未到。無怪其然也。

書曰。用拙而運扶。枯鱗濟水。用強而運拙。曲港行舟。故有命好不如運好之說也。

看命有專看運。不必注重流年者。（卽大運範圍流年。）亦有專看流年。不必注重大運者。蓋命中各物。原旺原衰。各有不同也。凡命。五行旣要純一不雜。又不論日元與比刦財官等物。必要皆有旺氣。其大運所行之地。日元與比刦等物。亦要有旺氣。則其際遇與作事。局面必大。氣勢亦旺。而流年月建中。氣數之應驗亦速。每見運行比刦墓庫。一逢年月財官才杀。亦得機會而能發起名利者。何也。即由命中財官才杀原旺之所致也。命格比較不盡。此看法亦其一端。

人事最近而切者。莫爲流年與月建。若流年不利。月建亦難恃。故流年爲一歲之主也。流年之利不利。又視乎大運。如流年甲戌。利也。若運入庚金。甲庚相爭。事多沮隔難成。平常事亦見不順。至運年遇此。十二個月即遇喜神當旺。必無特別進步可望矣。以此見運年月建日時。各有範圍大小不同。宜先從大處推之。命則其根本也。○有流年大不利者。即運在吉鄉。亦損壽元。破家產。發生凶禍。是流年力量。超過大運範圍矣。是必命基身弱太過。及破敗太重。故逢此等流年。凶禍難免。大運亦無能爲力也。宜分別觀之。

人在三十至五十歲之間。其行運最可注意。蓋環境地位之所處與本身才智之發揮。前程之擴展。事業功名之成就。皆爲關係最切時也。若過此絕無樹立根基。則以後之希望亦微矣。故人一要命好。二要運扶。雖命係根本。而運之順逆行。對於命中用喜吉神。或扶起。或背馳。其窮達有判若天淵者。誠大有幸與不幸之別也。（言好運之走得着與走不着）。

凡見流年冲命。破格局者損福。傷用神者招禍。如傷其生用神之神。爲禍亦大。如己人用丙火之印。寅爲丙火長生之地。遇申年沖寅是也。其有雖凶而不大凶者。乃受沖之物。非主要之用神故耳。○凡流年逢驛馬。吉馬來沖者吉。凶馬來沖則凶。其餘流年沖命者。皆要看來沖之物。是喜是忌。如是喜神。來沖仍吉。勿以逢沖卽爲不利也。

命運年月四者之配合。凡見卩食相沖。官傷相沖。財印相沖。財刃官刃相沖。殺祿相沖。皆相沖之最大者。要看此等物。命中原有原無。及原相沖否。并相沖之地位形勢輕重如何。以推事實發現之輕重大小可也。原有原重者重。原無原輕者輕。

有運年無甚不吉。逢月建不吉。亦見不吉之事者。何也。如甲逢甲午月。比肩傷官。破財傷父。蓋命基中比肩傷官本甚重。故月氣助之。便發生不吉也。(故運年月日時五者。必皆歸根於命。)然如此者。在其大運流年兩者中。亦必見有壬字或未字等。與命中比肩傷官。略有連帶之氣始然。若運年純在財官旺地。亦無咎也。此看月建所不可忽略處也。

運重地支。而所戴天干。生支克支。喜忌不同。干神之作用亦極大。歲重天干。而所坐地支。或生或克或洩。强弱不同。故支神之關係亦甚切。看法不可偏。加以命運年月互相配合。各有喜忌之神。冲合刑害之作用。力量强弱不同。發生人事吉凶輕重。胥出乎此。(有云。流年上半年天干。下半年地支。不知據何理法。)

凡見年運反冲。年神不敵運神。吉凶必以運爲主。是矣。然亦須將年運中物。在原命中多寡强弱之勢。比較如何。如運行卯。而命無亥卯未字。流年逢酉。命中已酉丑之黨却多。則運中之卯。必被流年之酉所克破。如卯是喜。酉是忌。此年必見大凶。是爲命基薄。不得有名利。故行好運而反敗也。如卯是忌。酉是喜。則此年凡關於名利進步之事。必有所見。但結果仍歸失敗。爲大運氣數所到。卽爲人事之主持者。故兩敗俱傷也。如卯運在命中之黨多。而酉年却無黨助。則運與命。正會合亥卯未之局。勢强氣盛。如卯爲喜神。逢酉年冲之。反爲冲起而吉矣。五行之理。極其細微。其作用變化。又極繁密。非言說可盡。在各自細究之。

亡神。刦煞。元辰。大耗。懸針。皆星煞中之至凶者。試以亡刦言之。夫寅申巳亥。爲五行四大長生。正屬旺相可喜。而亡刦俱在四生之地。則吉凶將於何取斷。豈不顯見矛盾乎。要知寅申巳亥如係喜神。命應從吉斷。如是忌神。自應作凶斷。若命旣凶矣。再論其財物。如何自內而亡之。如何自外而刦之。則其時地人物與其事。在干支五行各物中。必皆有所屬。但細究之。自可明了。不必以星煞爲標準也。○飛天祿馬。冲祿。冲財。及不見之形。可以酌用。然對冲對合取用。必須字多而有力。如以寅冲申。必年月日時。二寅三寅相並。方好。其餘一二字。如得子字辰字遙合申字者尤好。蓋一方冲之。一方合來。（此是三合。亦謂之遙。又謂之邀。）取用方覺着實。如見巳字。巳雖合申。（六合。）而合中帶刑。（巳刑申。）又與寅字相刑（寅巳相刑。）寅字不健全。冲之無力。又不取也。

食才旺而身弱者。歲運至食神旺地。主危險疾病。不如見才。猶可無恙。食神者。洩弱本身之氣者也。凡疾病災害。或由身旺太過。或由身旺中逢刑冲。或身弱太過。又逢克洩。或用喜吉神逢刑冲破壞者也。內以身旺逢冲。及用喜吉神逢冲破者爲尤重。

於年月中推人事。仕宦功名。不離傷官。七杀。印綬。羊刃。等物。然須兼帶天乙貴人。天月二德等。貴神吉神。則事必有成。商界中職業問題。須看食神。傷官。財星。身弱者以印綬比刦扶身。仍須帶有食傷財星。方得成就。如帶卩神。及爲刦奪而不幫身之比刦祿刃者。皆難成也。又凡用喜吉神逢生合者成。逢冲克則不成。

旺者冲衰衰者拔。衰神冲旺旺者發。此看相冲之的法。又有以旺冲旺者。如壬子年遇丙午月。水火兩方皆冲起也。日主喜水。要運年月水多。助壬子者吉。喜火。要運年月火多。助丙午者吉也。月令中物。爲眼前氣候當旺之物。作用之力最强。若逢流年對冲。其勢必不降。要看流年及命運中冲克月令之物。其氣勢强弱如何。如氣勢弱。則月令中物雖逢冲。不虞受損。如氣勢强。則月令旺氣與之相爭。旺中一受克傷。其影響人事之吉凶者必大。然此爲月令喜神言之。若月令是忌物。則與流年喜神戰擊。人事必凶。蓋年月相沖。一方爲沖克。一方亦爲沖起。月令中物爲喜者。固憂受克不佳。爲忌者。勢必沖起爲害。至於爲喜而逢沖克者。一方旣是沖起。其爲喜爲吉之事。亦必有一部份應驗。不過結果仍歸失敗耳。

命中一生時之差。人事卽大相懸殊。如戊人。壬戌時與癸亥時。一則才衰身旺。一則才旺身衰。先後一時之差。身與才之情形頓異。算命最難在此。必須以前事引證方可。◯又算命於生時。只算時辰之正。其前半時與後半時。率難細辨。命書於此亦不載細法。祇可以人事引證推之。

命理真詮云。月支中所藏之物。逢運透清。與柱中原有者不甚懸殊。此語良是。然不但月支。卽年日時支中之物亦如此。祗旺衰強弱稍異耳。假如月支巳。運逢戊庚透清。又必要戊申庚申。運支一字。與巳字三六合者。爲尤佳。

滴天髓有燥溼之論。夫燥者。木火也。溼者。金水也。土則戌未爲燥。辰丑爲溼。過於燥者烈而有禍。故宜以溼潤之。過於溼者滯而無成。故宜以燥收之。潤其燥則不烈。收其溼則不滯。每見庚辛人。四柱財官印甚旺。格局甚佳。而並無大發展者。以其祗有戌未燥土。而無辰丑溼土潤之之故也。若滿盤金水。而無戌未燥土收之者。其爲沈滯而不發揚。又可知矣。

五行得氣之暖。逢寒則成。得氣之寒。遇暖而發。乃調和之用也。

論十干之强弱。最要審時令。察物理。輕重之間。貴在心悟。如甲至午月爲死地。然其時夏木森森。正是繁榮之候。論相生洩氣。固係身弱。若論物理。實不可視爲甚弱也。是以論木之發旺。必在春分節後。火旺。必在夏至節後。金旺。必在秋分節後。水旺。必在冬至節後。其以前者。雖當月令。佔旺氣。而其氣不充。卽宜克制。亦不可太過也。

甲乙木旺於亥卯未寅辰之地。丙丁火旺於寅午戌巳未之方。戊巳土旺於辰戌丑未巳午之域。庚辛金旺於巳酉丑申戌之垣。壬癸水旺於申子辰亥丑之地。凡歲運中所遇喜神。必要命中裁根。如歲運逢甲乙。不論甲乙如何旺相。必要命有甲乙亥卯未寅辰等字爲有根。則甲乙所主之事實必見。（如甲乙爲財則發財。）如無之。事雖驗而不着實。過後成空。仍歸烏有。蓋命中本無此數故耳。其爲忌神者亦如此。書曰。命元有財。財運發財。命元有貴。官運發貴。命元有災。災運生災。即是此義。（故凡係用神。必要在命中清旺根深。凡命。自幼上運。如人出門行動。必先預備需用各物。然後臨時可取以應用。故命中要用神旺相也。否則如財印等物。命內無根。則財氣事權。何由應驗乎即應驗亦微。）酉遇寅。暗火克金。未遇酉。明金克木。如再加午未戌字助火。

巳丑戌字助金。則金與木必受克損。故酉寅未酉四字。雖不見刑冲之迹。却與刑冲有相等之害。（戌字藏火亦藏金。視其黨助之字。論其作用。如遇火多則論火。金多則論金也。）

五行皆貴乎相生。如庚辛人以寅卯爲財。柱中缺水。即財旺。亦乏流動充滿之象。必待運行壬辰癸亥等。水旺生木之地。其財氣乃有源源不絕之勢。否則無水。即再行寅卯運。縱財氣旺。其勢不甚盛。亦鮮有能積蓄者。此亦一例也。

子午卯酉爲四敗。（即咸池煞。）丁壬爲邪嬺之合。以及身旺比刦祿刃見傷官。皆主有邪行。男多好色不端。女則不貞。女命。或見官多殺多。或卩傷羊刃等物。五行濁亂。一逢大運年月至不吉之地。其人之心性行爲。約略可知矣。但咸池一煞。如格正局清。仍可不犯。凡係女命。名節所關。於此尤應細究。須以八字全局。統觀其五行清濁如何。不論男女命皆如此。○丁壬之合。在甲人尤忌之。爲其爲傷官卩神故也。假如身旺。又帶卯字咸池者。卯屬羊刃。尤爲大忌。（咸池一煞。最忌羊刃咸池。卩神咸池　傷官咸池也。）

每觀一命。猝然入目。即使經驗多。看法熟。亦祇得其大綱。故必審辨再三。方可推算入細。至五行與人事。有切合之關係。而爲發現之樞紐者。全在於流年。苟不於此細究。則所以論運途之好壞者。皆仍膚廓而不實。予嘗以看命運、如行大道也。看至流年。至月建。如入曲徑。尋幽選勝。足引起推究之意趣。若夫日時。如命中日時二柱。配合年月。關係甚重。而生日天干。且爲人之本身。則平常每日每時。配合於流年月建。而成吉凶者。關係亦豈小哉。凡月建冲年。謂之月破。日建冲月。謂之日破。凡逢日破。則凡關係較大之事。均宜持重。可避則避之。又有時辰冲日建者。亦如之。亦有冲開者。須另作看法也。言乎月破。則流年中吉凶之變。悉出於其中。宜將命運年三者。合於月建而互參之也。所謂算命有理亦有法。此節論法。而非論理。然理亦在於法中。

命中用神有一定。不可易也。如以癸酉爲用。運行庚申壬申。流年遇丙寅丁卯。丙寅雖與運對冲。却無恙。及至丁卯發大禍者。何也。蓋命用癸酉。丁卯正冲命中用神故也。

流年是喜神。只怕月建忌神助運沖年。月是喜神。只怕日建忌神助年沖月。日是喜神。只怕時辰忌神助月沖日。至時辰是喜神。其刻分杪中。五行之氣。是否有與元命中忌神相通。以克制時辰者。則無從測之矣。大都五行看至時辰。已是終點。從大運年月日。以至時辰。時辰者。卽命中一切吉凶之數之歸結處。亦卽所由發現處。時之吉凶。當不復有變化。其刻分杪者。祇爲發現時間之遲速而已。

人有行一背運。及末一年一過。至來年卽可換行好運者。然於末一年中竟喪生命。不能接交好運者。何也。蓋過三五年之挫折。環境地步已至不堪收拾。體質精神之損傷。已至極點。再逢年月不利。故不能支持也。曾見有己人財柔身弱。再行財柔運。又逢申酉食傷旺相年月。遂至不祿者。然此等命中。丁印比刦生扶之物。亦必甚屬輕微。故不復能得人助力。以延其生命也。是仍不離乎命之根氣而已。○命之數。有先吉後凶者。有先窮後通者。有少老安然。中年駁雜者。有中年奮發。少老困頓者。有一生安樂者。有一世困窮者。又有一生得失起倒不常者。凡爲好命。惟有一生安樂。與先窮後通兩種。更有浮沉一世。無大得失。而結果一無所樹立者。已屬非佳。况又駁雜困苦之甚者乎。看老年人壽元。但看大運流年。是否爲用喜吉神衰絕之地。如係衰絕。其日元又衰弱失氣。則日元無所倚賴。必損壽元。不必見五行之刑冲克害也。但此。看七八十歲老人如此。老人有精神體力關係。亦有祿之關係。兩者須合參。祿也者。享用。衣食等項。皆屬之。用喜吉神絕。卽祿絕也。祿絕。故主於壽元有損。如其大運流年。正在日元與用喜吉神旺地。則期頤亦可躋也。

女人命。以官杀爲夫。以食神傷官爲子女。其有官杀旺而身弱者。必須以卩印比劫食傷配合。乃可助旺其夫星。有食傷旺而身弱者。須以卩印比劫扶身。乃可以生育子女。然看夫星必以官杀。看子女必以食傷。爲準的也。〇如無官杀。則以財星爲夫。無食傷。則以比劫爲子女。但須命中無劫奪財星。克制食傷之物方好女命以柔爲本。以剛爲刑。以清爲奇。以濁爲賤。此四句。乃是總訣。今後世風日變。如八字陰秉陽剛。而成傷官。七殺。印綬。羊刃。才星。之格。則安知巾幗中必多讓鬚眉乎。古來女命。未必無如此格局。但爲禮教地位所束縛。不能有爲於世。否則史策流傳。女界中當已見不少奇才矣。此有時代不同。當以命理與人事之理。參觀而得之一端也。

小兒命。命宮胎元小運等等。無須注重。但看日干旺衰如何。受克被洩如何。生扶如何。五行之氣清濁如何。各項神煞喜忌如何。但日干健旺。格局純和者。少病易養。又主聰明。日干衰弱。五行混雜濁亂者。多病難養。亦主性格不良。在未行運以前。流年月建。但遇所喜之神者吉。遇所忌之神則不吉。其有災晦等項。皆依喜忌神煞輕重。一例推之。（小運等等。必先以流年。月建。之五行爲主。然後再取參看。年月吉者自吉。若凶。其餘亦不足觀矣。）

十日干配合干支宜忌之略說

命之理。萬語千言。說之不盡。因命之格象。有無窮不同故也。惟以十日干所配成之八字格象。一一擇要比例說明。則經驗多而看法自然精進矣。此法。各人所見不同。可各自酌行之。

傷官身弱。要比刦扶身。然五行配合。有幸有不幸。如甲人遇甲午。比肩生傷官。以致傷官益旺。不幫身。而反爲身害。第一。兄弟不佳。（比肩爲兄弟。耗氣破敗。不能自立。爲累於日主。且多損傷。）其餘。六親中刑傷必重。日主無扶助而可以倚託者矣。（親族朋友。及所遇一切之人皆然。）

甲忌庚杀。有丁火傷官制之。或癸水印綬化之。杀反成用。但制與化。只可取一。不可兩用。兩用則使七杀太弱無力。無以取權勢貴氣也。如無制。又無化。而庚又坐申。或帶辛巳酉丑戌等字多。則必身受其克而不利也。（杀旺有制化。乃有權勢。如杀弱。則要財星生杀。）

甲身弱。用卯羊刃幫身。而命有巳酉丑戌。運行亥卯未辰。如流年再逢巳酉丑戌。助起命中之巳酉丑戌。以反冲運中之亥卯未辰。必於極得意中遭大失敗。且招危險。經此一番失敗。即終身不能再起。何也。此乃命中殺重（辛金與巳酉丑戌。名曰暗金的殺。）使一生無名利之成就也。故書曰。根基淺薄。逢吉運而反凶。此所以推算大運年月。必先觀命基厚薄爲要也。夏木喜水。冬金用火。木水者。甲木癸水也。（癸水爲雨露。）金火者。庚金丙火也。（丙火爲太陽。）乙逢壬癸。辛逢丙丁。則次矣。〇夏令之木。要壬癸水滋。兼火土同行。必然福厚。是一定之例。

夏至一陰生後。壬癸水必須得一申字。冬至一陽生後。丙丁火須必得一寅字。則其氣方長。其用不窮也。（或云。五行逢夏、皆要水潤。逢冬、皆要火溫。於理甚當。）
甲己日。乙丑己巳癸酉三時辰爲金神。要月令寅午戌火局制之。更帶傷官七殺印綬羊刃。是大權貴之命也。倘月令金神。亦要時辰火局制之爲妙。予驗月時金神。不如生日金神爲尤貴。如乙丑日。坐金庫。支藏七殺。己巳日。坐下金氣長生。不啻金神即爲其本身。如四柱配合格局好。（如上傷官七殺等物。）再運行火地。其權勢發越。尤爲顯耀。至癸酉一日。係金水相生。應作別論。○又。甲日癸酉時。作官印論。亦因其金水相生。不必作金神看。○又。金神一格。以甲己二日較。當以甲日爲主。己日不必泥論。甲爲木。金旺克木爲殺。故以金神名之。至己土生金。是食神傷官。正喜其秀氣流行。故書又云。甲日金神。偏宜火制。己日金神。何勞火制。（但己日。食傷旺而身弱者。仍以丙丁巳午火生身爲用。以上祇論大概。宜按格局。分別觀之。）

命中日元之強弱。與人身體之強弱。不必相符合。惟日干自旺者。縱四柱神煞配合。有似身弱。而其身體必強。日干自旺者。故如甲寅乙卯庚申辛酉。凡日元坐比刦祿刃者皆是也。然坐比肩者身必强。坐刦財。如丙午。丁巳。癸亥。壬子。庚戌。壬辰。甲辰。乙亥。之類。有身弱刦重之嫌。未可全以身旺論也。（所謂四柱神煞配合。卽柱中食傷才煞財官等物也）。○又。陽日坐祿堂卽是比肩。與坐刦財羊刃有別。陰日坐羊刃。如癸丑。丁未等。亦是比肩。與坐刦財有別。宜詳辨之。

甲日癸酉時。正官之作用力量甚小。蓋以陽木而遇陰金。剛柔不相劑也。且丙戌食才死於酉。其人財祿亦薄。女命遇此。如年月日稍帶傷官祿刃。必克夫。其不克時。夫亦不甚得意顯達也。（書云。正官正印。居官不顯。羊刃七殺。出仕馳名。四語頗驗。可以類推。）

甲申。日坐絕宮。是鼓盆之煞。多克妻。不克亦不和。或離居。等於克妻也。

凡以印綬爲用神喜神吉神者。其命必高。（又。原印旺而用財者。行財運發福甚大。亦一反證之理也。）然印綬亦有分別。甲喜癸水。乙則壬癸皆喜。丙喜乙。丁喜甲。戊喜丁。己喜丙。庚喜巳。辛喜戊。壬喜庚。癸亦喜庚。大都皆喜正印。乙之喜癸。以癸爲雨露之水。與其他卩印作用不仝。壬之喜庚。以陽金生陽水爲有力。與其他卩印相生太過又不仝。惟壬人遇丙火。才旺而身弱。得辛印合丙火之才。化水幫身。（卽非真化亦好。）減其旺才之氣勢。方可用才。其效用却大也。

甲戌一日。戌中丁火傷官盜氣。又有辛金的杀克身。丁火辛金又互相刑克。成鬱氣。有肝病。其身必弱。卽年月時有寅卯祿刃幫身。仍是强中之弱也。須得兩辰三辰冲戌。更有壬亥癸子卩印生身。則身強而可用戌庫之才。然其人不免有激觸性也。若無生扶。庫才亦不能取用。有貧病困乏之患。命中之用物。須各從其類。如甲申日。坐七杀。爲絕地。必得癸子乙卯戊辰等印刃才星。或有丁午傷官配合。其命乃佳。如甲寅日。則須得丙巳戊辰食才。或丁午己未傷財。兼得癸子印綬爲生氣。其命亦佳。〇有用寅中丙戊食才。而逢申字冲之者。必反大破敗。亦有危險。或用寅中丙食。制申中之庚杀。而大運流年遇申冲寅。亦主大破。必得大運丙午丁未等。助起丙火。乃可大發。又看丙火在命中。形象氣勢若居旺地。（即月氣時氣）。運助有力。其發乃大。如丙火弱。（即不得月氣時氣）。運雖助之。其發亦較次矣。但命中既有寅申相沖。其一生遭遇。必有駁雜處。不能全美也。餘可例推。
乙人見戌。丁人見辰。如柱無生扶。再行傷官。及官杀之運。流年又逢身弱。多損壽元。戌乃乙之傷官墓庫。（丙庫於戌）本是洩氣。又藏辛杀。則受克。又乙祿在卯。而庫在戌。戌合卯化火。乙既被洩被克。而又被其化。則根株絶矣。辰乃丁之官星墓庫。（壬庫於辰）又係傷官。克洩並重。晦火無光。故皆不利。○乙日丙戌時。切忌再見丙庚。甲庚。寅巳。等字。五行刑戰不和。丁日甲辰時。甲印必是喜神。切忌年月日壬金旺相。滅甲印之力。必柱中得卩印比刦祿刃旺相生扶。五行安靜。方可獲吉也。

丙日子午逢冲。午羊刃。旺至極處也。惟其旺極逢冲。所以益見身弱。仍要寅午戌午未等字。三合六合。以扶助之爲吉。勿取申子辰才官食神也。若僅一午字逢冲。四柱絕無木火可倚。則雖陽火。亦以從財，從官從食傷。論矣。

死絕病敗爲四忌。故丙遇酉。庚見子。甲見午。壬見卯。皆不吉。遇此四者。必多方用卩印比刧祿刃生扶乃可。

丙畏癸酉。不畏壬申。何也。申字非酉字死地之比。又壬爲七柔。能生印。又壬水遙合丁火。化木爲印。乃木體也。故與癸酉有大別。○癸與戊合。爲火體。非不美也。惟酉爲死地。地支中根氣絕。故身弱。財雖旺。反因之而破財矣。丙合辛生。掌威權之職。信然。丙火爲陽中之陽。（木火本屬陽）。辛金爲陰中之陰。（金水本屬陰）。以至陽用至陰之銳氣。故有威力也。然亦須看格局。假如爲傷官七殺印刃之格。得辛一合。威權自高。若平常之命。只以財星論之。丙戌皆死於酉。而亦有別。丙見酉。誠身弱矣。逢辰合酉。反主大破財。辰爲水庫。死地逢合。身弱更甚。其破敗自更重。若戊見酉。雖傷官洩氣。而身弱未爲過甚。逢辰合酉。辰土又是比肩。但須柱中有卩印比刦生扶。轉見身强。至於丙人。即有卩印比刦生扶。而酉字之弱。根株總在。破敗難免也。祇柱中如生扶得力。雖破敗。不足爲大患而已。○凡財旺身弱而破財者。年月逢財星愈旺。其破財必愈大。此皆五行變化處。若有比刦刦奪財星。其財氣反旺也。

五行惟金秉肅殺之氣。制服之法。惟有以火制之。或以水化之。制化得宜。亦不爲忌。而反成用。如丁巳人。以辛巳酉丑戌中辛金爲才食喜神。必反佳也。惟丁用乙卯之卩。已用乙卯之七杀。則辛金克之。其害亦不輕。○四庫。辰戌丑未。辰未中水木是生氣。戌丑中金是殺氣。丁巳人雖用才食。亦喜辰未。而忌戌丑。（大抵辰未中之水木皆可取用。戌丑則火土金太重也）。第丑爲金庫。丑土生金。其氣尚純。戌則火金混雜。又爲丁巳刦財墓庫。（丙戌墓於戌）。故皆忌之。日主有逢合而晦者。晦乃蒙昧不明之義。如丁遇壬子。官星旺甚。又官殺混雜。丁火被合住。是爲晦氣。主有疾病與危險。及父母孝服。并受人壓制欺淩克害種種情事。以至所遭時地人物事。（人身與環境相接者。不外此五項。）無一吉者。須看元命日干元强元弱及財印父母。并有無用喜吉神等救解矣。丁火時亥。富貴悠悠。亥近中夜。正燈火輝煌之候。又丁火得酉時。正萬家上燈初也。謂之得時。亦主富貴。且主處世合乎時宜。而得聲譽。又丁火喜生於秋天。值夜生。要逢星月皎潔之天。則一生處世。際遇人緣。聲名財利。事業功名。必皆顯耀。且安舒也。○是以人命。不但要五行配合純全。又要生得其時。又得其地。庶五氣感召人事。皆得其吉。乃為出羣之命。○又凡命以月氣為大氣。關於出生時家庭光景優劣。時氣為小氣。關係本身根基。假如丁火人生八九月。值酉戌亥子時。則月氣時氣俱佳。其命出身與結局皆好。生時若吉。必能繼承其月氣之好處。（卽出生門戶。）成名立業。又突過之。卽月氣不好。其本身之成就亦好。以月時二柱合於四柱干支。以分命之優劣。然後再觀行運年月之順逆可也。先要命好。大運年月又後焉者矣。○昔人言時辰為人晚年之結局。時辰吉。結局必佳。以予推驗。間有行運之順逆。未能與時辰適合者。如屆晚年而行運不順。則必其時辰之吉。應驗於身後子孫家庭之興盛者也。

戊見辛酉。土金之性。深刻而且專。其人內性聰敏。主意堅決。自信之力甚深。如再有巳丑戌字者。身旺而洩氣更盛。其心性行爲之表露於外者爲尤著也。

戊人得辰字。雖是比肩。但辰爲水庫。又含木氣。。戊土猶嫌虛弱。未可遽以旺論也。故仍要別位有火土生扶方好。

戊日多喜甲寅丁午巳未七殺印刃。甚至戌戌墓庫亦喜。若柱中見有乙字。切勿以官星助殺看好。須知乙合庚爲金體。如乙巳。卽以乙作金看可也。（此與不見之形相類。在於心悟。）反爲忌神。不可言吉。如柱見庚甲相冲。而得乙字合庚以解冲者。則又大爲得用也。

己巳日己巳時者。多貴命。要柱有才杀傷官作配尤佳。

己人見乙卯丁午者。其人必能幹。其出生門戶多不佳。而其自身必有作爲。有成立。凡見乙卯者。即不可再見辛酉。庶免駁雜。略帶庚申傷官却好。又要有壬亥癸子之財以資七杀。無癸子。或帶一辰字財庫亦好。（癸子則與丁午冲）。但帶旺財或財庫。即不獨助杀可成名利。其出生家庭亦必富厚矣。

凡柱見丁火。其化木之象最真。故己人見丁午。莫謂卩神祿堂即不美。要知丁壬遙合。即爲化木之體。可作官星。亦主得權。如得亥卯未局。又見丁午。其功名事權且不小也。
凡見大運流年冲命者。破格者損福。傷用者招禍。如庚見寅而才旺身弱。必要卩印比刧扶身。然逢申字冲寅。仍主有克父破才不利之事者。爲其破格故也。如用己丑之印。與庚辛之比刧。逢甲乙寅卯克己丑。甲乙冲庚辛。或己丑反見壬癸亥子。庚辛遇丙丁。皆傷用神。於刑傷父母之外。更主有盜賊小人疾病危險。及意外不測之災矣。○按。庚弱逢寅字之才。雖大運流年見寅。身弱爲忌。但究是才星。爲其命之格局。猶爲可喜。惟見壬亥癸子。洩氣太過。則主有大疾病。甚危險。雖遇戊辰戊戌之卩。亦爲生身之喜矣。又命既用印。遇丙丁官杀猶非大忌。官柔能生印也。凡看命。必須於喜忌之中。再細分其輕重。庶看法精到。祇須格局與用神。皆不逢冲克與損傷。自無不利。○又。庚身弱。若遇戊戌已重。但稍得一甲一寅以制戊戌。則才星既透。而戊戌之土。亦可助身。身強用才。即復甚佳。

庚辛逢火旺。身弱。得水制火。未爲不美。然一克一洩。兩皆身弱。每見有火旺而連行水運。如辛亥壬子者。其人雖可略圖名利。其身體必弱。且甚勞碌。亦多嗜好。（凡深於有害身體之嗜好者。皆因身弱所致。即命中日元本强。亦必有其所以致弱之點。弱身者。不離乎命中所有之忌神惡煞也。但其見於事實者。亦有大運年月先後遲早時候不同。）書曰。化殺欣逢要水平。仍要日主不失中和之氣爲貴。

庚寅辛卯二日。身坐絕地，反致破財克妻。要有亥子生寅卯。并得土金扶身。其財氣乃旺。

命有五行駁濁。亦能立大事業。發大財祿者。乃其月令時辰中。有大得力之用喜吉神在也。如庚辛帶戊己辰戌丑未之字多。而生寅月。落寅時。運行水木。財權亦大發。但命中既有傷官羊刃等忌神暗藏。互相沖擊。及以土多爲累。再行此等所忌之運。如運與年月中。逢官殺印綬財星。與傷官羊刃刑沖之地。防於大得意中反遭大禍。有生命之憂也。

庚辛二日。有特別之格局。庚遇壬癸甲乙亥卯未子辰字。但得一己土之印。辛遇壬癸甲乙亥卯未子字。但得戊字辰字之印。或再帶丁午。爲庚之官星。辛之七杀。卽可取用財星官杀及食傷生財。運行財官才杀與食傷之地。事權財氣俱佳。身弱可不論也。但此格局。必以四柱五行氣象甚清者方好。稍一混亂卽不取。又此格。卽流年月建稍見比刦身旺。仍可取以助身而爲美。只其着眼處總在印綬耳。如四柱見庚辛巳酉丑戌等比刦多。卽須別論。卽當以身之旺弱。與食傷才杀財官較其輕重矣。日下坐財者。錢財旺。妻財亦美。壬午癸巳。祿馬同鄉。財官雙美。不待言矣。他如庚辰日。坐下傷官財星得氣。辛未日。

坐下財庫。皆佳。又乙未坐偏才。而身亦强。更無不佳者也。其餘皆可例推。

壬水傷於卯。而卯爲傷官。如干透乙。支見卯。傷官格亦復可喜。如見巳酉丑戌。卯木被克。駁雜危險極大。惟得亥字。與庚申之卩。助卯木而生扶身主。則事權財祿均旺。若身弱見乙卯。及傷官不爲格局者。須另論之。〇壬傷於卯。不必行卯運也。每見行未運。而命格不佳。逢流年對於命運。又復刑冲不吉。多損壽元。至於亥運。乃祿堂身旺之地。則作別論。

癸水日。惟癸卯爲最佳。次則癸巳。又次癸丑。其癸未癸酉癸亥均差。癸卯日庚申時者。智慧爲最。且必心性清高。福祿亦居優越之地。如年月中帶才杀。必係至貴之命。若見巳酉丑戌則減福。須觀其年月所帶何物。以分優劣次第可也。癸未日癸庫於未。又爲甲木傷官墓庫。庫中又逢杀。以陰柔之癸水。坐燥烈之未土。身弱已甚。必柱中有庚申旺印。兼透比肩。再得卯字午字。七杀有制有生方妙。如成此格。亦不亞於癸卯庚申日時也。生日喜忌。但分大概。總以四柱五行配合。成格成象。取用得宜爲準繩。癸酉。癸亥。二日。則爲卩神刦財。主不利於財氣及妻宮。亦有身弱而酉字妻宮幫身。偕老和好者。但甚少。其格。必是傷官身弱。杀旺身弱者也。(凡以食神傷官爲用者。如身弱。宜用比刦助身。不可用卩印生身。爲卩印克食神傷官耳。但如癸日用寅。可取酉卩。用卯。可取申印。各有配合。宜細玩之。）

癸卯一日。如酉戌二字並見。皆凶也。須看日主强弱如何。主强。取卯戌所化之財。主弱。則取酉字之卩。不但用卩。且要有比刦祿刃等運年。扶助本身爲妙。如年月卯戌。日時爲癸酉壬子。則金水聚於一方。成一段旺氣。自必用卯戌之財無疑。再逢金水則不利。逢酉金尤不利矣。惟命若如此。形象駁濁。太不純正。主出身微賤。其中間行運。如逢才杀財官。而得際遇拔擢。其財氣權星亦能大發。其心性行爲。則必不純良。且終究必歸失敗。或致遭凶。爲先後行運。必無六十年完全順境。必有助起酉戌二字中辛金之卩。發生凶物之作用者也。命之格局形象氣勢。萬有不齊。此特舉其較異之一格耳。

總論十日干宜忌。

咸池一煞。（卽俗言桃花煞）。旣敗財氣。亦敗功名事業。最不吉之物也。其咸池並爲日干沐浴之地者尤重。間有因咸池而進財者。必其所犯咸池之一字。爲用神喜神吉神者也。然此甚屬少見。如其咸池正爲日主所喜之偏才。則其因咸池而進財。且必大也。

十日干。凡見年月時天干純是才杀財官或食傷。縱地支有比刼與卩印。仍作身弱看。如純見財。而無官杀與食傷者。作別論。

十日干。旺之極者不可抑。抑之反激而生變。故宜以食神傷官疏洩其氣。方得平和。且財氣祿權亦可大發。衰之極者不可扶。扶之反剛而易折。故宜以食傷才殺財官之旺相者。使之從服。亦得平安。而名利亦可發越也。（激而生變者。遇官殺克制。而身與官殺爭敵。兩強為害也。剛而易折者。遇比刼扶起本身。去敵官殺。終究敵不能勝。反被官殺克傷也）。

火（丙）忌西方酉。金（庚）沈怕水（子）鄉。木人（甲）休見午。水（壬）到卯宮傷。土厚多逢火。歸金旺遇秋。（歸金。庚辛日之歸祿者也）。冬天水木泛。名利總虛浮。此八句是要訣。再以各格分別。準此細推。命之優劣。自易明了。

寅申巳亥全備。如用物身強。發福甚高。子午卯酉。須看天干透出者。爲喜忌何物。如天干全係用喜吉神。是爲大格局。若干神不吉。便是四敗。辰戌丑未四字。順行者極少。如四字全。不論順行與否。亦看天干透出者。是用喜吉神。抑是忌神。以分格局之優劣可也。

凡日時干同。（卽時干比肩）。而年月日時干支中。皆見財官印食者。其人富厚多福。如甲日甲時。乙日乙時。之類是也。如甲乙見於年月干頭。則爲比肩爭奪。歲運逢財官印食等物。先被比肩所刦奪。多主於本身不利。蓋兩甲兩乙相並。卽身主不弱。可以取用財官。若年月干比肩佔據於日主之前。則日主反居人後。故不佳也。餘干可以例推。〇但此亦指大概而言。如年月干雖見比肩。而財官等吉神。皆聚於日時支中。雖年月刼奪。亦不爲大害。又如四柱財官才煞食傷太旺。身主比較是弱。仍須以卩印比刼爲用。更如日時兩干並立。而才煞等物旺甚。其餘。絕無卩印比刼生扶者。身主與比肩俱弱。仍以從象論也。〇按日時干相同者。甲日。甲子甲戌時。乙日。乙酉時。丙日。丙申時。丁日。丁未時。戊日。戊午時。己日。己巳時。庚日。庚辰時。辛日。辛卯時。壬日。壬寅時。癸日。癸丑。癸亥時。以上。甲子。丁未。戊午。己巳。庚辰。癸丑。

癸亥時者。作身强論。甲戌。乙酉。丙申。辛卯。壬寅時者。作身弱論。如此大概既定。再觀餘物配合可也。

論從象。五陰日皆可從。五陽日。凡其質虛而柔者易從。壬水。丙火。是也。實而剛者不易從。甲木。庚金。戊土。是也。而甲木爲更甚。(所云以上之虛實剛柔。乃抽象比較的。)。蓋甲木之性剛而直。故尤不易從。甲己化土。夫從妻化。非甲木絕對無根。而才星旺甚。必不能從。如食傷旺。則木被火焚。欲從亦不能矣。(如有土洩食傷之氣。卽不爲忌)。此甲日從食傷。所以略異於他干者也。

五行者何也。五氣之流行也。故凡看命。除日干旺衰强弱一項外。(日干一旺一衰。一強一弱。出入甚大)。但須看四柱五行流行之氣順逆如何。凡順而通者必吉。逆而遇沮擊不通者必不吉。由四柱而大運。而流年。而月建。互相配合。莫不皆然。又。十干十二支。一字有一字之性質。必先明其性質。然後再以各干各支互相配合。可以知其宜忌之所在。即可以知其吉凶之所歸也。◯以上各節。略記所見。至雜氣財官。鼠貴。朝陽。各種格局。諸命書皆有著論。自可取以參考。茲不細述。

六親推算法。

(一)父母。

八字。生時財旺。及有生益於財氣者。父強。生時印旺。及有生益於印氣者。母強。反言之。卽年月財氣斲喪於時支者。先克父。年月印氣斲喪於時支者。先克母也。年月乃父母之地位。故看父母在年月。而財印二物之氣之旺衰。兼看時辰。凡年月日中吉神凶物。皆以生時之支爲歸宿。以分其強弱。旺卽強。衰卽弱也。又。日干爲本身。於一日中何時生身。則時辰之氣。於本身爲損爲益者。關係甚大。且人之有身。水源木本。皆在父母。時辰者。本身出生時所得之根氣。亦卽父母遺傳之根氣也。（俗所云遺傳性。卽是命中所傳五行之氣）。況人自襁褓以至成童。有賴於父母之保抱鞠育者。又何等重要。因父母關係本身之切如此。故以時辰之氣。推財印父母。尤爲緊切也。（人之貌。有肖父者。有肖母者。乃從父母體質之孰强而肖之也。體質强弱。在父母各繫於命中。）世上人情。惟生身父母對於子女爲最真。然此亦祇言人情之常。亦有父頑母嚚者。有伯叔父母無異父母者。有後母淩虐者。有後母撫育之恩逾於生母者。有出繼他人爲父母者。有寄養之父母情逾生身父母者。其事指不勝屈。要皆不離財印二物之作用。其他人事之變。尤說不盡言。（六親皆如此）。但看財印旺衰。及財印爲喜爲忌以別之。（看喜忌。是看六親之總要訣。）父與母。每不能兩全。則財印旺衰之間。尤宜細究。年月財官印綬。爲日主之喜。父母富貴。爲日主之忌。父母貧賤。年月是喜神。日時刑傷冲犯。破祖業。敗門風。年月是忌神。日時刑傷冲犯。別祖離家。自立門戶。年月喜神。得日時相生會合。照顧有情。則出生門第清高。後代兒孫昌盛。自身榮顯。妻賢子孝。兄弟亦賢良。年月忌神。歸結於日時而氣旺。破敗潦倒。一事無成。門戶弟兄亦蕭索。妻子與本身財祿福澤等項。無一足取者。

年上傷官。父母不全。月上傷官。弟兄不完。日上傷官。妻妾不賢。時上傷官。子息無傳。此又是六親總看法。多有驗。

印綬被傷克父母。財旺身弱克父母。蓄財父印母。雖有分別。然本身之所由生。則父母屬一。印綬者。生身之物。故印綬亦可以父母並看。不必專看母也。此人事之理也。至印以財爲夫。財旺固傷印矣。若財之父。旣已身弱而不能任。(日干本身)。則印之母亦將何賴。故財旺身弱。父母皆克也。此又一理也。二句亦多有驗。

(二)兄弟姊妹。

兄弟姊妹。卽比刦祿刃也。凡兄弟姊妹、皆得先天父命遺傳之氣。故其命中五行喜忌之物。必與父命同。兄弟姊妹之命。亦復相同。如以水木火爲喜神。以土金爲忌神。則各命皆同。不過所得喜忌之物。有輕重之分。故兄弟姊妹之命。有好壞之別也。

命中財官才殺旺。比刦顯其攘奪之迹。兄弟俱强。如身弱。比刦出而助主之力。兄弟必美。身與財官兩平。比刦伏而不凶。兄弟必貴。比刦重而食才。傷財。財官。才殺。亦旺者。兄弟必富。財官才殺平淡。印旺。兄弟必多。身旺比刦强。才殺財官衰。兄弟必衰。爲其攘奪。則又不和。如傷官重。財官。才殺。印綬。無憑藉。比刦露。兄弟必衰。且防夭折。僅可免於不和。總之比刦太旺。財官無氣。兄弟必少。有亦不佳。人命總以財官印食爲喜神。比刦兄弟同一論之。

凡傷官重。七殺多者。兄弟必少。有亦損傷。雖有一二比刦扶身亦無救。有旺印。則轉吉。（凡傷官透出天干者。多無弟兄。或有克。傷官多刑傷六親。不但傷兄弟也）。
人有幼少弟兄多。至壯年中年喪盡者。有至老而完聚者。亦有
自幼孤立無弟兄者。凡中途損傷者。弟兄數目無可算。只算幼
少時有無弟兄。及其多寡可也。
以理言。比刦陽爲兄弟。陰爲姊妹。以長幼言。陽爲兄爲姊。
陰爲弟爲妹。或分四柱先後。比刦不分陰陽。凡在年月者爲兄
姊。在日時者爲弟妹。然屢經試驗。皆無憑準。故不必深求。
祇以兄弟爲重。陽爲兄。陰爲弟也。凡陰日干。如不見刦財。
（刦財屬陽）。則以年月中比肩爲兄。日時中比肩爲弟也。
（三）妻妾。及夫婦。

財星爲妻妾。命中喜神即是財星。妻妾賢美。而且富貴。如爲忌神則否。

財淸者妻賢。財濁則不賢。淸者。財爲喜神。不爭不妬者也。濁者。財爲忌神。生殺。壞印。弱身。爭妬無情者也。財爲喜神。逢他物刑冲克害之者。亦是爭妬。但爲忌者屬他物。（即屬他人）。其妻仍賢美。惟患克妻耳。

凡財星淸而爲喜神者。又須天干透出。地支中旺相有氣。或逢三合成局。不遇刑冲克害。方好。既不爭妬他物。亦不被他物所爭妬。不但貌美。亦主有才智。多得妻助。或得妻財。妻貌美惡。依財星之淸濁看。身之強弱。以旺衰看。人之賢否。以爲喜爲忌看。其中有淸而不旺。濁而不衰者。及淸而爲忌。濁而爲喜者。種種情形不同。依格推詳。則妻才妻貌之賢否。美惡。及有無損傷等項。無不可以明了也。

凡命。身强財旺者。必富貴而多妻妾。其身旺財衰。與財旺身衰。及身與財星兩衰者。皆貧賤而妻宮有損者也。

正妻與續娶之妻及妾。要皆可謂正式之妻。其因冶遊置別室者。謂之外妻。亦曰偏妻。凡謂妻者。皆以財星看。正妻。續娶之妻。應看正財。妾看偏財。至於偏妻。亦看偏財。命有咸池煞者。或咸池卽屬財星者。則或因女色破財。或因女色進財。情事不一。要看咸池所屬一字中之物。是喜抑是忌也。喜神卽是進財。忌神則屬破財。

離婚之事。今時已數見不鮮。大都命中對於妻財本有克制。大運流年。又入冲克財星之地。故如此。如女對男離婚。則與官星冲克刑害者也。凡五行。生合者爲和爲成爲聚。冲克者爲忤爲敗爲散。理必然也。

凡夫婦可稱爲嘉耦者。必年齡相若。性情智慧相等。（年齡中。有體質。知識。經驗。心性。行爲。等等關係）。如有參差。即非良緣。（此係就人事上說其大概）。然在男女擇配之時。何嘗不極意考慮。不知在作合之前。男子應娶如何之妻。女人應嫁如何之夫。命中財星官星早已註定其數。自然感應而作合也。即使選擇。自有種種因緣。以使之成就或破壞也。所謂數也。故有妻賢而夫劣者。亦有夫賢而妻劣者。又有夫婦兩方。美而不以爲美。劣而不以爲劣者。人之緣分美惡各殊。心性與情感各異。情形不可勝言。莫非命數緣三字主持之而已。每見夫婦配合。有生年大六冲者。不過意見偶有不同。遇事或多爭執。然兩皆身強。財氣福澤亦好。子息亦旺。其生年六合者。或反不如。蓋八字五行配合得宜。如男命比刦重。得女命食傷旺者配之。女命食傷旺。得男命比刦重者配之。兩強配合。反屬相當也。〇至陰陽差錯煞。亦頗有驗者。然一究其命。財星官星及格局。對妻對夫。本有互相克制者在。若格局好。

雖犯此煞。仍相和好。故專執此煞爲斷。誤之甚也。

按。世俗男女合婚。皆以東西四命九宮八卦推合。予以爲夫婦配合。必以兩命福祿相當者爲上。如男命財星妻星旺者。必擇女命財星夫星旺者配之。男命卩印比刦重者。亦擇女命比刦食傷重者配之。視格局强弱。互爲配合。方爲正法。故每見夫婦大六冲之命。其子女及家庭光景。仍極興旺者。卽由於命格之相當也。若考究宮度及星煞而相合。按諸命格五行實不相當。則雖宮度星煞配合如何佳美。豈知與五行正理相背。謂爲上婚。不亦誤乎。是必先以命格五行爲主。然後再以宮度參之。方爲完善。亦兩不相礙矣。

老夫少妻。老妻少夫。書云。戊癸作合。少長無情。然予觀男女命、。戊癸日者。多不合。又俗言男命强者。（即比刦身旺）。宜娶年長之妻。弱者。宜娶年少之妻。或娶同歲。此二層實與數理休咎無大關係。可不深論也。

（四）子女。

男命身旺者。以財星官殺爲子。身弱者。以印綬比刦爲兒。命中喜神是官星七殺。子女賢俊。喜神與官殺不相妒亦好。否則無子。或有克。或不肖。

男命格局如係食神傷官。則以食神傷官爲子。與女命看法同。惟官星之子。不如七殺。而食神之子。則不如傷官。

父命爲先天之命。子命爲後天之命。一氣相傳。（父母之命。皆是命之先天。然以父命爲注重）。子命中喜忌之物。必卽爲父命中喜忌之物也。祇遞傳中間。其喜忌之神。有多寡旺衰强弱之分。命之好壞。因此不同。故子有勝於父者。有不肖者。又同一父所生四五子。有强與不强。賢與不賢之異也。

子女多寡之數。凡遇八字五行之氣得乎中和者。自可明斷。（卽見幾官杀食傷。卽斷幾子）。其有妻妾多。而子女多至一二十人者。（但極少見）。則其數難斷。大都傷官財旺者。財旺生官者。杀旺有制者。皆主多子。徵驗已多。但以至多數定其大概可矣。

人家子孫之賢否。卽家運盛衰所繫。賢否視乎命。命之優劣。實出於墳風。自祖。而父。而子。而孫。遞代相傳。凡命中之五行。卽祖墳朝向之五行。所感應而來者也。故墳地風水吉。則子孫命吉。凶則命凶。（墳風坐煞。子孫命中卽犯煞）。必代傳中間墳風改變。斯子孫之命有改變。夫墳風之佳者。必歸於有德。無德者不足以當之。但據地師言。好墳風不關有德無德。皆可以人力造成。然則權在地師。不啻地師可以造命。使人家家運之興替。皆出於其手。惟吾以爲地師相遇以前。當必有感應之機在。此中因由。要未可以妄議矣。（今人葬親擇地。好墳地豈能多得。曾文正公云。墳地只要藏風聚氣便好。此言極是）。

女命官殺爲夫。食神傷官爲子女。如命中官殺與食傷並旺。中間有旺財旺印調劑者固美。其有食傷爲格。而官殺衰者。及無財印調劑者。多損夫。又有印綬太旺。克制食傷太重者。則妨子。更有殺食相沖。官傷相沖者。則夫子兩方。皆屬不美。須兼原命。及大運年月所至之地。配合觀之。女人情形。亦各命大殊。其好壞。全在官殺食傷財印六者之間。宜細較量其旺衰輕重也。

六親總說。

一、每觀人家家庭。有六親安和。氣象興旺者。有六親齟齬。

家景蕭條者。種種情形不一。夫一家之中。必視家主。一家人之命運年月。所喜所忌之神。亦必與家主相同。（夫婦。父母子女。關連最切）。必年月順。則各人皆順。逆則皆逆也。至於六親和好。情義厚而有團結精神者。又關於遞代相傳。門風氣習。及德氣厚薄。家運興衰也。非易言也。

二、四柱。年爲祖位。月爲父母兄弟門戶。須知月令爲本身出生時。家庭景況優劣關係。父母弟兄之盛衰可推。而生年者。乃父出生時。祖之家庭景況優劣所關。其情狀亦可推也。（有出生時。父之事業。尚未昌盛。及其後而昌盛者。必賴日時中父財得氣有力。而大運又助父財者也）。

三、人生名利等項。另是一說。惟六親中和好安全問題。關係於天倫之樂。如有不利。感懷最深。在人命中。所最忌最忌者。莫如破碎一煞也。破碎煞。乃辛巳酉丑戌之金也。（予按八字中五行沖擊最烈者。莫如金木。其水火土皆較輕。可細驗之）。無論是何日干命。但四柱中金木克制。而以金爲忌神者。必於六親多損傷。其於弟兄爲尤驗。次父母。次妻妾。次子女。此可從徵驗而知之者也。如四柱純和。用喜吉神力旺。無忌神凶煞夾雜其間。日主得中和之氣者。則必六親完聚。家景安和。多吉慶快樂。與興盛之氣象者矣。

命談補。

測數之術。如六壬奇門遁甲諸法。當較算命法尤爲精確。至算命。如甲乙丙丁子丑寅卯等紀數之字。何以可憑之以算人事。又何以於紀數之字而繫以五行。自來命書均未詳其原理。更如古人創立八字四柱。以年爲本。日爲主。月爲根苗。時爲結果。幷行運之順逆各法。其原理亦無從深考。嘗因其法而反用之。如運之順者逆推之。逆者順推之。實與人事不相合。凡此。祇可佩最初發明者之理想幽玄超卓。（實爲學術思想界中之偉人）。不敢妄以臆說加之也。

按。唐李虛中。以人生年月日辰。所值干支生死勝衰。推人壽夭貴賤利不利。蓋古人以時辰爲辰。後人誤會。以辰字連日字。認爲日建。遂謂祇用年月日。而不用時辰。實係錯誤。然則李虛中法。與徐子平同。不過李以生年爲主。徐以生日天干爲主耳。又按。列子稱。人稟天命。屬星辰。（按此星辰。卽周天七政四餘之行度）。値吉則吉。値凶則凶。受命旣定。雖鬼神不能改易。雖聖智不能囘。王充論衡稱。天施氣而衆星布其精氣。含氣而長。得貴則貴。得賤則賤。貴或秩有高下。富或貲有多少。皆星位大小尊卑之所授。據此二說。則五行之外。又必有星辰可知。第命書所傳。無遞代闡明之法。其天地經緯。及太陽躔度與刻分杪。推算距離。是否無差。所望精究星度者。續有發明。以補五行之所不逮耳。此節星辰之說。紀曉嵐閱微草堂筆記。亦曾論之。各項學術。皆以理論實驗並重。命理五行。既無物質形式可資實驗。惟有於既往大運年月中。以應見之休咎事實證驗爲準據。若於事有驗。即於理必有合矣。然其理與其算法。決非少數人。與短少之時期與筆墨。所能徹底發明。所期海內同志。作進步之研究。集成精粹。使此項絕學。有日進於昌明之機也。

澹園於命。經多方之證驗。敢信此術爲必有。且敢決言此項哲理。實超乎各種科學之上。祗在數千年來帝制時代。

有功名利祿爲之餌。士子浮慕虛榮。薄此術而不屑究。又諱言之。要無真正研求學術之人。潛心於此。溯吾國當周秦之間。學術思想最稱發達。此術。在祖龍一炬摧殘之後。方始發明。正屬可幸。然相沿至今。不絕如縷。深冀好學研理之士。去其虛矯矜氣。從事探討。發揚高尙精深之國學。故不惜貢獻一得之愚。以爲嚆矢。區區之意。謹誌於此。閱者倘韙之歟。抑訶之也。則非澹園之所計及矣。

乙亥年六月望日補記

澹園命談一卷

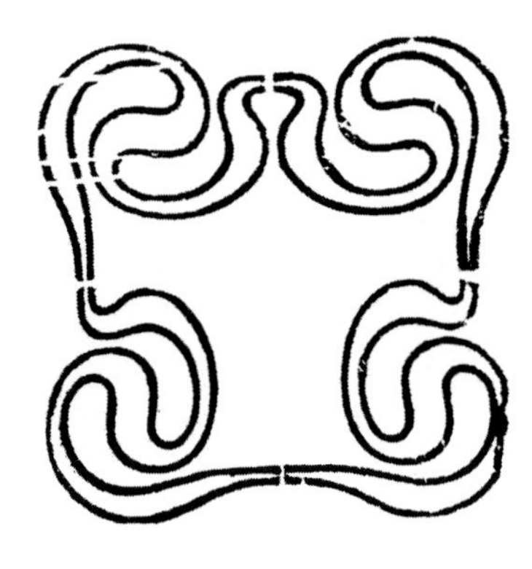

澹園主人評命潤例

面談現運流年二元

簡批六元　流年批今明二年　詳批十元同上

以上面談均外算

加批流年每年一元　童造略批三元

五行合婚十元　餘另訂

先潤後批外埠批件一律雙掛號郵遞

中華民國二十四年八月出版

全書一册定價一元六角

著作者　高澹園

印刷者　華發印刷所

總發行所　澹園命理處

地址　上海英租界勞合路北居易里第十二號

經售處　羣學書社　上海四馬路麥家圈東首